Bibliografische Information der Deutschen Nationalbibliothek
Die Deutsche Nationalbibliothek verzeichnet diese Publikation in der Deutschen National-
bibliografie. Detaillierte bibliografische Daten sind im Internet über https://dnb.de abrufbar.

Für Fragen und Anregungen
info@m-vg.de

Originalausgabe
1. Auflage 2025
© 2025 by mvg Verlag, ein Imprint der Münchner Verlagsgruppe GmbH
Türkenstraße 89
80799 München
Tel.: 089 651285-0

Die schwedische Originalausgabe erschien 2024 bei Bookmark Förlag unter dem Titel *Sägen*.
© 2024 by Maria Trolle. Published by arrangement with Rights & Brands. All rights reserved.

Alle Rechte, insbesondere das Recht der Vervielfältigung und Verbreitung sowie der Übersetzung, vor-
behalten. Kein Teil des Werkes darf in irgendeiner Form (durch Fotokopie, Mikrofilm oder ein anderes
Verfahren) ohne schriftliche Genehmigung des Verlages reproduziert oder unter Verwendung elektroni-
scher Systeme gespeichert, verarbeitet, vervielfältigt oder verbreitet werden. Wir behalten uns die Nutzung
unserer Inhalte für Text und Data Mining im Sinne von § 44b UrhG ausdrücklich vor.

Redaktion: Katharina Schliwa
Umschlaggestaltung: Manuela Amode
Umschlagabbildung: Maria Trolle
Satz: Kerstin Stein
Druck: Florjancic Tisk d.o.o., Slowenien
Printed in the EU

ISBN Print 978-3-7474-0685-4

Weitere Informationen zum Verlag finden Sie unter
www.mvg-verlag.de
Beachten Sie auch unsere weiteren Verlage unter www.m-vg.de

IM MÄRCHEN ZAUBERWALD

EIN AUSMALBUCH
ILLUSTRIERT VON MARIA TROLLE

mvgverlag

ALS ICH EIN KLEINES MÄDCHEN WAR, LAS MIR meine Mutter immer aus Büchern vor, die mit Märchen aus aller Welt gefüllt waren. Klassische Geschichten von den Gebrüdern Grimm und Hans Christian Andersen, sowie schwedische Volksmärchen füllten meine Abende mit Freude und Aufregung. Die Geschichten handelten oft von Prinzen und Prinzessinnen, magischen Kräften und mystischen Wesen. Obwohl die Märchen manchmal düstere und gruselige Elemente enthielten, endeten sie meist glücklich für die Hauptfigur, das war für mich als kleines Kind sehr beruhigend.

Auch als Erwachsene haben mich Märchen und märchenhafte Welten immer wieder fasziniert, ich glaube, das spiegelt sich auch in meinen Malbüchern wider. Märchen haben eine einzigartige Fähigkeit, das Mythische mit dem Menschlichen zu verweben, und sie sprechen etwas tief in uns allen an.

Bei der Arbeit für diese Malbuch habe ich mich von einigen meiner Lieblingsmärchen aus meiner Kindheit inspirieren lassen.

Einige sind sehr bekannt, während andere eher obskur erscheinen. Das Buch enthält auch ein paar allgemeine Mythen und Kreaturen, die nicht zu einem bestimmten Märchen gehören, sowie einige Geschichten, denen ich als Erwachsener begegnet bin. Ich hoffe, dass ihr, die ihr dieses Buch ausmalt, viele Momente der Freude und Fantasie haben werdet, wenn ihr eure eigene bunte Reise durch die Welt der Märchen macht.

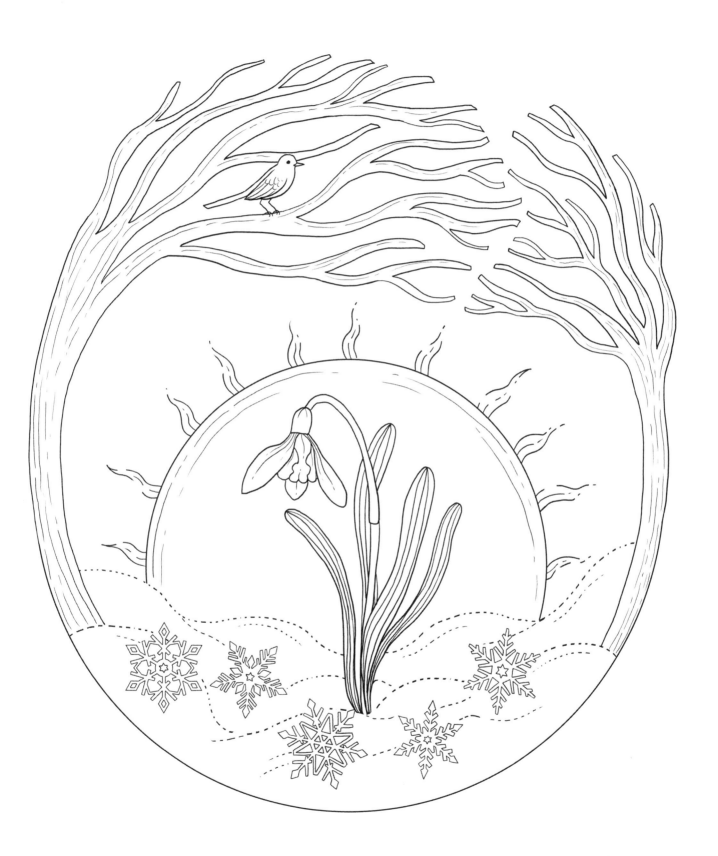

TESTE DEINE STIFTE HIER

TESTE DEINE STIFTE HIER

TESTE DEINE STIFTE HIER

TESTE DEINE STIFTE HIER

TESTE DEINE STIFTE HIER

TESTE DEINE STIFTE HIER

VERZEICHNIS DER SAGEN UND MÄRCHEN

7	*Der gestiefelte Kater*, Märchen, überliefert von den Brüdern Grimm
8–9	*Die Geschichte vom Elch Skutt und der kleinen Prinzessin Tuvstarr*, Märchen von Helge Kjellin
10–11	*Aschenputtel*, Märchen, überliefert von den Brüdern Grimm
12–13	*Die Tochter der Blumenkönigin*, rumänisches Volksmärchen
14–15	*Däumelinchen*, Märchen von Hans Christian Andersen
16–17	*Rapunzel*, Märchen, überliefert von den Brüdern Grimm
18–19	*Die Wünsche*, Volksmärchen, überliefert von Eva Wigström (aus *Der Vogel mit der Goldtruhe*)
20–21	*Hans und die Bohnenranke*, englisches Volksmärchen
22–23	*Der Wind in der Kiefer*, japanisches Volksmärchen
24–25	*Die kleine Meerjungfrau*, Märchen von Hans Christian Andersen
26–27	*Das Feuerzeug*, Märchen von Hans Christian Andersen
28–29	*Der grüne Bock*, Volksmärchen, überliefert von Eva Wigström (aus *Der Vogel mit der Goldtruhe*)
30–31	*Rotkäppchen*, Volksmärchen, überliefert von den Brüdern Grimm
32–33	*Blumenelfen*, basierend auf einem mythologischen Wesen
34–35	*Das hässliche Entlein*, Märchen von Hans Christian Andersen
36–37	*Der Junge, der niemals Angst hatte*, Märchen von Alfred Smedberg
38–39	*Der standhafte Zinnsoldat*, Märchen von Hans Christian Andersen
40–41	*Der klingende Baum*, Volksmärchen, überliefert von Eva Wigström (aus *Der Vogel mit der Goldtruhe*)
42–43	*Dornröschen*, französischer Roman aus dem 14. Jahrhundert, Volksmärchen, überliefert von den Brüdern Grimm
44–45	*Die Legende vom Storsjöungeheuer*, Seeungeheuer in der jämtländischen Folklore
46–47	*Brüderchen und Schwesterchen*, Märchen, überliefert von den Brüdern Grimm
48–49	*Die Nachtigall*, Märchen von Hans Christian Andersen
50–51	*Schneewittchen*, italienisches mittelalterliches Märchen, überliefert von den Brüdern Grimm
52–53	*Aladdin und die Wunderlampe*, persisches Volksmärchen, überliefert in Tausendundeine Nacht
54–55	*Hänsel und Gretel*, deutsches Volksmärchen, überliefert von den Brüdern Grimm
56–57	*Die Mondjungfrau*, japanisches Volksmärchen
58–59	*Östlich der Sonne, nördlich der Erde*, schwedisches Volksmärchen, bearbeitet von Fridtjuv Berg
60–61	*Die sieben Raben*, deutsches Volksmärchen, überliefert von den Brüdern Grimm
62–63	*Der Froschkönig*, deutsches Volksmärchen, überliefert von den Brüdern Grimm
64–65	*Der goldene Baum, der singende Fluss und der sprechende Vogel*, Märchen überliefert von Eva Wigström (aus *Der Vogel mit der Goldtruhe*)
66–67	*Die Schöne und das Biest*, französisches Märchen von Gabrielle-Suzanne Barbot de Villeneuve
68–69	*Schneeweißchen und Rosenrot*, deutsches Märchen, überliefert von den Brüdern Grimm
70–71	*Die Bremer Stadtmusikanten*, deutsches Märchen, überliefert von den Brüdern Grimm
72–73	*Die drei Schwäne*, Volksmärchen überliefert von Eva Wigström (aus *Der Vogel mit der Goldtruhe*)
74–75	*Die verschwundene Braut*, Volksmärchen überliefert von Eva Wigström (aus *Der Vogel mit der Goldtruhe*)
76–77	*Die Gänsemagd am Brunnen*, deutsches Märchen, überliefert von den Brüdern Grimm
78–79	*Die Geschichte vom Schneeglöckchen*, rumänisches Volksmärchen
80–81	*Der Hofwichtel*, basierend auf einem Schutzwesen in der nordischen Folklore
82–83	*Nussknacker und Mausekönig*, deutsches Märchen von E.T.A. Hoffmann